Dirección
Mª Isabel Martín Herrera

COLOQUIO
EDITORIAL

Primera Edición, 1990

© Pelayo Molinero Gete, 1990

© EDITORIAL COLOQUIO, S.A., 1990
Juan Álvarez Mendizábal, 65
28008 MADRID-ESPAÑA
Tf. 91-2485736/91-2481530
FAX 91-5346320

© SOCIEDAD GENERAL ESPAÑOLA
DE LIBRERÍA S.A., 1990
Avda. Valdelaparra, 29
28100 ALCOBENDAS-(Madrid) ESPAÑA

CUBIERTA Y DISEÑO: Miguel Ángel Blázquez Vilar
ILUSTRACIONES: Enrique Ibáñez

TRADUCCIÓN:
        INGLÉS:Marisa Escobar
        FRANCÉS:Eliezer Bordallo
                María Moreno
        ALEMÁN:Veronika Beucker

ISBN 84-7861-014-6

Depósito Legal M-24263-1990
Impreso en España-Printed in Spain

LAS VACACIONES DE CHOMÍN

Septiembre

"¡Hola! Soy Chomín. No sé por qué, pero ése es mi nombre. Pertenezco a un señor que se llama Ramón y que tiene un hijo que se llama Moncho. Por eso, para algunos soy el perro de Ramón y para otros, el perro de Moncho." 5

Bien , ya sabes mi nombre; ahora te voy a decir dónde vivo. Vivo en un pueblo muy bonito, al lado del mar. Es un pueblo pequeño, pero en verano parece muy grande.

Y es que viene mucha gente a pasar las vaca- 10 ciones. La mayoría, de Madrid. Una ciudad muy importante, y, además, la capital de España.

En Madrid no hay mar; por eso, sus habitantes, cuando llegan las vacaciones, se marchan de la ciudad y vienen a buscarlo. 15

Salen en grandes caravanas. Casi todos al mismo tiempo. Entonces, las carreteras se llenan de gente que sólo piensa en el agua y en el sol.

Algunos vienen en julio, pero la mayoría llega en agosto. Durante este tiempo veo personas de 20 todas las clases, coches de muchas marcas, algunos muy nuevos y otros viejísimos, motos fascinantes*, *bicis*[1] maravillosas y perros muy raros. Porque algunos traen el perro.

Un año me hice amigo de una perra de Madrid. Al principio no la dejaban estar conmigo. Un día Moncho se quedó con ella a solas. Sus dueños se fueron de excursión. A él le pagaron por cuidarla y yo lo pasé muy bien.

Pero no quiero hablar de perros, sino de la gente que he conocido durante el verano. También te contaré lo que hago cuando estoy con Moncho y sus amigos, o cuando me quedo solo.

Ahora, por ejemplo, estoy solo. Hoy es dieciséis de septiembre y los niños están en el colegio. El verano ha terminado.

Si quiero, puedo pasear por la playa, meterme en el agua y correr por la arena.

Hace dos semanas, la playa estaba llena de gente, no había sitios libres en el camping y las discotecas cerraban al salir el sol.

---

1   *Bicis: modo coloquial de nombrar las bicicletas.*

Un paseo por la playa

Esta mañana me hé levantado tarde, no tenía prisa. He salido por el jardín,he caminado por las calles y he visto a la gente del pueblo haciendo sus cosas.

Decían que habían ganado poco dinero, porque el calor empezó más tarde que otros años. La primera semana de julio estuvo lloviendo y los turistas no vinieron. 5

Sin embargo, yo aproveché aquella semana y me divertí muchísimo. Luego sabrás por qué. 10 Moncho estaba de vacaciones y me iba con él y sus amigos a todas partes.

Unos días fuimos a una cueva que hay en la montaña, cerca del pueblo. Otros días, cuando dejaba de llover, bajábamos a la playa. Mientras 15 ellos jugaban al fútbol o se bañaban, yo corría por la arena. Si el balón iba al agua, me metía entre las olas, lo empujaba con la cabeza y lo sacaba.

Pero luego vino el calor, llegaron los turistas 20 y había un vigilante* que no me dejaba estar en la playa. Ni a mí, ni a ningún perro. Así, terminaron mis vacaciones.

Después de julio llegó agosto y todo fue mucho peor, porque en agosto casi no podía ni salir a la calle. Había gente por todas partes.

Agosto terminó y ahora estamos en septiembre, exactamente a dieciséis, como ya te he dicho. Todo vuelve a ser como antes del verano.

Los turistas están en la ciudad y yo daré un paseo por la playa. Andaré por la arena y correré cerca de las olas. Saltaré como a mí me gusta, sin esperar a que el vigilante venga detrás de mí o a que alguien grite porque le toco con el rabo.

Todavía hay algún viajero, parejas de novios y jóvenes que vienen cuando todos se han ido. Ponen la tienda de campaña donde más les gusta y se divierten de otra forma.

Dicen que son raros, pero a mí me parecen maravillosos. Si eres agradable y simpático con ellos te dan lo que quieres. Si haces lo que te piden, sin molestar, te hablan con educación. Así puedes tener nuevos amigos y estar con ellos sin ser pesado. Porque todo el día solo es aburrido.

Tacha y la tormenta

Quien más se aburre durante el verano es Tacha, la perra del vigilante. Siempre está en casa. Tacha tiene que ser un modelo para los perros del pueblo.

Desde la terraza ve la playa llena de gente. ⁵ Mira y no entiende qué hacen juntos hombres, mujeres, jóvenes y niños, quemándose al sol. Cuando se cansa de mirar se mete en casa y se duerme. Así pasa las horas, los días y las semanas. Creo que lo pasa muy mal. ¹⁰

Esto que te cuento lo sé porque Tacha me lo dice alguno de esos días que cambia el tiempo y hay tormenta. Entonces, ella empieza a ladrar. Mira al cielo, se mueve mucho y, al final, la dejan ir a la calle. ¹⁵

Corre sin parar hasta que llega a la arena.

Allí estoy con Moncho, que tampoco tiene miedo a las tormentas. Se mete en el agua, salta con las olas y yo hago lo mismo. Tacha viene con nosotros y nos divertimos mientras se oyen los ²⁰ primeros truenos y caen algunas gotas de agua.

Los demás nos miran, pero están muy ocupados. Tienen que recoger sillas, toallas, sombri-

9

llas*, bronceadores*, cremas, periódicos, revistas, la radio, las zapatillas, el tabaco, el mechero, los juguetes de los hijos...

Algunas veces la tormenta empieza de repente, sin que nadie la espere. Entonces, los niños se van corriendo y dejan todo en medio. Los cubos, las palas, los rastrillos*, *las chapas*[2], ya sabes, todas esas cosas que *los críos*[3] llevan a todas partes.

Sus papás se enfadan, se ponen nerviosos y dan alguna voz; tienen tanta prisa que al final se dejan algo, por ejemplo, los bocadillos de los chicos.

En estas ocasiones, si estás atento, puedes comer jamón, chorizo, lomo y otros alimentos maravillosos.

A mí lo que más me gusta es el lomo y, a Tacha, el jamón.

---

2   *Las chapas: juego que hacen los niños con los tapones metálicos de las botellas.*
3   *Los críos: modo familiar de nombrar a los niños.*

Los turistas

Te he contado lo que pasa los días que hay tormenta porque me he acordado de Tacha. Ahora, voy a seguir con mi historia.

Te dije que he visto a la gente trabajando. Además de hablar, escribían letras y números en unos libros muy raros; recogían cajas, botellas y latas de las estanterías* de sus tiendas y hacían paquetes muy grandes. 5

Moncho estuvo ocupado ayer. Tenía una cartera nueva, muchos libros, pinturas de colores, lápices, bolígrafos, y colocaba todo en su sitio. Las pinturas eran muy bonitas, porque a Moncho le gusta mucho dibujar. 10

Me ha pintado varias veces. Lo hace muy bien. Cuando termina me llama y dice: 15

"Chomín, ¿cuál te gusta más?"

Luego coge uno y lo pone en mi caseta. Ya tengo muchos cuadros.

Esta mañana me he acordado de Moncho cuando iba por la calle. Por eso, he ido hasta la escuela. El patio estaba vacío, pues aún no era la hora del recreo. 20

He bajado a la playa caminando muy despacio. En agosto es imposible cruzar una calle. Te puede atropellar* un coche y te quedas cojo, o algo peor.

5 No creas que yo soy el único que se queja. Los que vienen de la ciudad también protestan. Dicen que no pueden ir por la calle y que es imposible aparcar. En Madrid les pasa lo mismo.

Aquí vienen a descansar, pero yo los veo 10 siempre cansados. Están sudando todo el tiempo.

Van cargados a casa. Sacan lo que han comprado y lo colocan en el frigorífico*, en los armarios y en otros lugares.

15 Se quejan del calor y miran al mar. Parece que se relajan, pero rápidamente empiezan a hacer algo.

Ven la playa llena de gente y se ponen muy nerviosos. Cogen lo que necesitan, lo meten 20 donde pueden y se van.

Esto lo sé porque los padres de Moncho tienen una tienda y reciben algunos encargos. Yo acompaño a Moncho a hacer los repartos* y me entero de cómo pasan el verano los turistas.

La familia de Alfredo

Un día de agosto llegamos a una casa, y toda la familia estaba en la puerta metiendo lo que habían comprado. Entramos con ellos y les ayudamos a colocar lo que traían.

Así conocí a Alfredo, a Ana y a sus hijos.

Después de poner cada cosa en su sitio, dijeron que bajaban a la playa.

Antes de entrar en el ascensor* se preguntaron si faltaba algo. Nadie dijo nada, pero cuando estaban abajo, Alfredo no encontraba el tabaco.

"Yo subo si esta noche me dejas estar con mis amigos hasta las tres", dijo el hijo mayor.

"Pues a mí me tienes que comprar una bolsa de caramelos y una Coca-Cola, si quieres que suba", dijo el más pequeño.

Alfredo se enfadó. "Margarita, sube tú, que no has dicho nada."

Era tarde; todos estaban de acuerdo para conseguir algo de aquel olvido*.

"Subiré yo", dijo Alfredo. "Pero tú a las diez estás en casa, y a ti la bolsa de caramelos te la compra tu madre. Y no quiero hablar más".

Alfredo subió, buscó el paquete de tabaco y lo encontró, pero estaba vacío.

Moncho y yo nos fuimos, pero Alfredo y su familia siguieron hasta la playa. Y te puedo contar lo que pasó después porque me lo imagino por las conversaciones que oigo cuando salgo por las tardes a dar un paseo, atado, como si fuera una fiera.

5 Alfredo buscó un lugar cerca del agua, para ver a los niños. Miró a los lados; todo estaba lleno de gente. Parecía imposible encontrar un sitio, pero lo consiguió.

Antes de decidirse, discutieron. Alfredo decía
10 que aquí; Ana, que allí; y los hijos, que más allá. Ninguno estaba de acuerdo con lo que decía el otro, pero nadie quería morir de pie, quemado por el sol y cargado de bolsas, sillas, pelotas, raquetas y mil caprichos más.

15 No sabían cómo, pero habían encontrado un lugar. Luego miraron al sol y colocaron la sombrilla, las toallas, los juguetes de los niños. Cubos, palas, rastrillos, moldes* para hacer castillos de arena, peces y otras figuras.

20 Durante unos minutos aquello funcionó con la arena y sus padres descansaban, aunque alrededor parecía un *hormiguero de gente*[4] y era casi imposible ver el mar.

Ana dio crema a los niños mientras Alfredo
25 buscaba dinero para comprar el periódico.

---

4 *Hormiguero de gente: muchas personas juntas sin lugar ni espacio libre para moverse.*

Abrió varias bolsas, preguntó a su mujer y volvió a meter lo que había sacado.

Al final lo encontró en el bolsillo de la camisa que colgaba de su silla.

Después se puso las zapatillas y caminó hacia el quiosco más cercano. Su periódico estaba agotado*. Compró otro que no le gustaba y regresó a la arena. Ahora lo difícil era saber dónde estaba su familia en medio de aquella multitud*.

Anduvo de un lado a otro hasta que vio a su mujer y a sus hijos. Cuando llegó oyó las voces de los niños que discutían porque mamá les decía que tenían que salir del agua.

"Alfredo, díselo tú. A mí no me *hacen caso*[5]."

"¿Cuánto tiempo llevan en el agua?"

"Veinte minutos, desde que te fuiste. Por cierto, ¿cómo has tardado tanto?"

Alfredo no quería discutir. Necesitaba sentarse y descansar. Había recorrido más de siete quioscos y, al final, había comprado el periódico que no le gustaba.

Era la una y no había tenido un momento de tranquilidad. Ahora tenía que decidir si los niños salían del agua.

"Que decida Ana", dijo entre dientes.

---

5   *No hacer caso: no atender, no obedecer.*

La hora del baño

Luego, Alfredo se sentó y pensó que estaba haciendo lo que quería. Ahora no tenía problemas, ni preocupaciones, ni molestias.

Leyó las páginas de deportes y no encontró nada especial. A Alfredo sólo le interesaban las 5 noticias de su equipo favorito.

En otras páginas había informaciones de precios, presupuestos,* y otros temas económicos. Durante las vacaciones no quería saber nada de estos asuntos. 10

La última página traía una fotografía de calles inundadas* y casas destruidas*. Un huracán había arrasado* varias ciudades del Caribe. Vio la programación de la «tele» y dejó el periódico.

Después miró al mar y no pensó en nada. Es- 15 to es lo que él deseaba. Mirar al mar y no pensar en nada. Estaba pensando que no pensaba en nada.

Pasados unos minutos se levantó y dijo:

"Voy a bañarme." 20

"Nosotros también", dijeron los niños. "Queremos bañarnos contigo, papá".

17

"No, vosotros os quedáis aquí", dijo Ana. "Ya os habéis bañado bastante".

Los niños salieron corriendo y no la escucharon. Dejaron las toallas en el suelo y se llenaron de arena.

Alfredo *probó el agua con un pie*[6], luego con el otro, muy despacio.

"Papá, no tengas miedo, que no está fría", dijeron los niños.

Finalmente, Alfredo se metió en el mar y los niños se quedaron en la orilla.

Avanzó unos metros y salió para dejar las gafas, pero antes se fijó en una señal para orientarse* y poder volver con su familia. Ana estaba a unos diez metros a la derecha del puesto de socorro*. Ahora se sentía más seguro.

Volvió al agua y nadó *mar adentro*[7] varios metros. Allí no había nadie. Nadó adelante, atrás, de espalda. Se quedó boca arriba y miró al cielo, sin moverse. Como a él le gustaba. Fueron unos momentos felices y tranquilos.

Nadó otra vez en varias direcciones; se puso de pie y tocó el fondo con la punta de los pies. Luego metió la cabeza en el agua, la sacó y se pasó la mano por el pelo. Buceó, pero no podía

---

6   *Probar el agua con el pie: meter el pie en el agua para comprobar su temperatura.*
7   *Mar adentro: alejarse de la orilla.*

estar mucho tiempo debajo del agua. Tenía que hacer más deporte, beber menos y no fumar.

"Es el primer baño", pensó. "Cuando pasen algunos días, será diferente".

El sueño de Chomín

Te contaré más cosas de Alfredo y su familia. Pero ahora te recuerdo que estoy solo. Que esta mañana he bajado a la playa y he cruzado las calles sin peligro, porque hay muy pocos coches.

5 Después de estar en la playa he ido a la escuela. Oí voces y gritos de niños. La primera vez que pasé no había nadie en el patio, pero ahora estaban en el recreo.

Vi a Moncho cambiando cosas con otros ni-
10 ños. A Moncho le gusta mucho cambiar cromos, chapas, pegatinas*. Tiene los bolsillos llenos de objetos muy raros, que yo pienso que no sirven para nada.

Me acerqué hasta la verja* y hablé con él.
15 "¿Qué tal el primer día?"

"Bien, aunque esta mañana tenía bastante sueño."

"¿Quieres algo?"

"No, gracias", respondió. En ese momento
20 sonó un ruido y se marchó corriendo.

Crucé la calle varias veces y volví a la playa. No me cansaba de estar allí, delante del mar. Las olas llegaban suavemente hasta mis pies y se rompían en la arena. Corrí de un lado a otro y me senté frente al agua.

Me tumbé y me dormí. De repente la playa se llenó de hombres, mujeres, niños, jóvenes... Allí estaban todos los veraneantes. Y allí estaba yo, durmiendo, rodeado de castillos de arena, palas, toallas, sombrillas, bolsas, gritos, conversaciones, discusiones*, radios, rock, pop, folk, heavy, noticias, cotilleos*...

Dos señoras hablaban a mi derecha.

"Estás muy morena. Yo, sin embargo, sigo como el primer día."

"No creas, estás equivocada; ya me gustaría tener tu aspecto*. Vamos Pilar, dame un poco de crema por la espalda, por favor."

"¿Qué te parece?, ¿cómo has encontrado a Lucía?"

"Más delgada, creo que tuvo un problema importante."

"Sí, lo sé."

"¿Y Ana?"

"Está guapísima. Su marido ha engordado un poco,¿verdad?"

"No está mal, se conserva muy bien. Mejor que el mío."

"Enrique siempre te gustó. ¿Lo has visto?"

"Sí, ayer, cuando iba a la cafetería. Me saludó y hablamos durante unos minutos."

Sus maridos estaban cerca del agua; alguna vez las olas llegaban hasta sus pies. También estaban charlando.

"Comprasteis una casa en la sierra, ¿no?"

5 "Sí, la compramos al terminar el invierno."

"¿Y vais todos los fines de semana?"

"Bueno, todos no, pero sí vamos con frecuencia."

"Pues nosotros estuvimos viendo unos chalés 10 que han construido cerca del pueblo. No sabemos qué hacer, porque Pilar trabaja algunos sábados y es posible que esperemos un tiempo."

Un chico pasó vendiendo helados y, otro, patatas fritas. Luego llegó un señor bien vestido, 15 con una gorra blanca y un silbato. Se acercó a unos jóvenes y habló con ellos.

"Buenos días."

"Buenos días."

"Perdonen la molestia. ¿Saben de quién es 20 ese perro?"

"Lo sentimos mucho, pero no lo sabemos. Estaba ahí cuando nosotros llegamos."

Después preguntó a una pareja. Le dijeron que no sabían nada. Le vi que venía hacia mí. 25 No llegó. Antes desperté. Estaba allí, solo, en la playa. Había sido un sueño.

Alfredo nos invita a comer

Después de aquel sueño, poco a poco me tranquilicé. El sol se ocultó detrás de unas nubes y su sombra hizo más agradable el calor del mediodía, aunque ya no hacía tanto como en esos días de agosto en que no encontraba un sitio donde estar fresco.

Me levanté y corrí a la escuela. Los niños ya salían. Unos iban hacia arriba, otros, hacia abajo. Algunos esperaban a sus padres.

Moncho no podía con la cartera. Me vio y llamó a sus amigos.

"¡A ver quién llega primero!", dijo.

Y empezaron a correr hasta la playa. Yo iba al lado de Moncho, pero se cansaba porque le pesaban mucho los libros.

Llegaron y tiraron las carteras en la arena.

"¿Qué hacemos esta tarde?"

"Podemos venir y jugar al fútbol."

"¿Quién trae el balón?"

"El mío está roto. Que lo traiga Miguel."

"Mi hermano no me lo deja."

"No os preocupéis*. Lo traeré yo."

"De acuerdo."

Se tiraron por el suelo, pelearon, hablaron de los profesores y de sus compañeros de clase.

Yo, mientras, estaba pensando en otras cosas. Recordaba lo que dos semanas antes ocurría aquí mismo o muy cerca de la playa.

Hace quince días, a estas horas, no podía andar por la arena. Todo estaba lleno: la playa, las piscinas, los bares, los restaurantes... Cuando conseguían una mesa, faltaban sillas. Si pedían *paella*[8], ya se había terminado y si querían vino tinto*, sólo quedaba blanco.

Pero al final comían. Las conversaciones se repetían en todas partes. Yo las oía cuando iba con Moncho a repartir algún paquete.

"Pablito, no tienes que dejar nada. Tienes que comer todo. Si dejas algo, no te dejaré ver los dibujos de la tele."

"Y no te bañas."

"Yo siempre me como todo, ¿verdad, papá?"

"Sí, hijo, sí. Tú siempre te comes todo. Pero Pablito, no."

Algunas veces había más problemas. Se veían malas caras y las palabras parecían más serias.

"Es tarde para encontrar una mesa. Y en casa no tenemos comida."

"La culpa es de Luisa. Está todo el día en la playa y no se acuerda de que tiene que comprar."

---

8   *Paella: plato típico español a base de arroz.*

"La compra la puede hacer cualquiera de vosotros. Yo, por la mañana, me voy a la playa a tomar el sol, que para eso hemos venido aquí."

"¡Tengo hambre, mamá!"

"Y yo, y tu hermana. Todos tenemos hambre."

"Podemos comprar un pollo asado y hacer una ensalada."

"Eso, suponiendo que queden pollos asados."

"Ayer también comimos pollo asado."

"Y el día del viaje, igual."

"Estamos empezando las vacaciones y ya llevamos dos días comiendo lo mismo."

"Mañana organizaremos esto de otra forma."

Y comieron pollo asado con ensalada de lechuga y tomate.

Alfredo comía en casa casi todos los días. Subía de la playa cargado de cosas. Quería tomar una cerveza, pero pensaba que tenía que dejar todo lo que llevaba en las manos y prefería olvidarse de la cerveza.

Sin embargo, los niños, que iban delante de él, ya estaban en el bar y hablaban con el camarero.

"Yo quiero un refresco de naranja."

"Yo, de limón."

Un día pasábamos por allí Moncho y yo. Alfredo nos vio y nos llamó. Moncho le ayudó a dejar las cosas en el suelo y su señora, Ana, nos invitó a comer. Repartimos unos paquetes y volvimos con ellos.

Moncho llamó por teléfono a su casa y dijo que no íbamos a comer.

Alfredo bebió una cerveza, Ana también y Moncho pidió un zumo de naranja.

Subieron a casa y todos querían ducharse al mismo tiempo, porque el último tenía que limpiar el cuarto de baño. Luego comieron, pero antes discutieron entre ellos.

"Ahora hay que poner la mesa entre todos."

"Yo pongo los vasos."

"Yo, los cuchillos."

"Yo, las cucharas y los tenedores."

"¿Quién pone los platos?"

"Yo los puse ayer. Hoy le toca a Luisito."

"A mí, no. He puesto las servilletas y el pan."

"Bien, comeremos sin platos, ¿verdad?"

"¡Carlos! Pon los platos."

"Yo he puesto los cuchillos y Julia no ha puesto nada."

Creo que era así todos los días. Pero no pasaba nada. Era normal y todos lo sabían. Después de comer tenían que recoger y la historia se repetía otra vez.

"A partir de este momento, todos a dormir", dijo Alfredo.

"Queremos ver la tele, hay una serie muy bonita."

"¿Cuándo termina?" 5

"A las cuatro y cuarto."

"De acuerdo , pero luego a dormir."

Moncho se quedó viendo la tele y yo me fui con Alfredo y Ana a tomar café en una terraza donde ya no daba el sol. 10

"Es mejor que duerman poco tiempo", dijo Ana. "Así, por la noche tendrán más sueño y no será necesario estar con ellos hasta las doce o más."

"Es igual", respondió Alfredo. "Si tienen sue- 15 ño, dirán que quieren dormir y *tendremos que*[9] venir a casa desde donde estemos. Y si no tienen sueño, se pelearán por cualquier tontería. De cualquier forma nos fastidiarán*".

Alfredo y Ana tomaron su café muy despacio. 20 Yo creo que tenían derecho a aquellos momentos de paz y tranquilidad.

Subimos a casa y Moncho se despidió de todos. Les dio las gracias y nos fuimos.

Así fue todo más o menos. Ya te digo que lo estoy 25 recordando y es posible que olvide alguna cosa.

---

9   *Tener que: deber, tener la obligación de hacer algo.*

Por la tarde

Mientras yo pensaba en el día que comimos en casa de Alfredo, Moncho seguía en la playa con sus amigos; pero es tarde y tienen que irse a sus casas.

Andan despacio, se paran y siguen. Discuten por cualquier cosa. 5

Para ellos es muy importante una palabra; lo que dijo exactamente un día alguien o si ese día era jueves, domingo o martes.

Algunas veces, discuten. 10

"Yo no lo dije."

"Sí, lo dijiste tú."

"Moncho, di la verdad. Lo dijo Manolo, ¿sí o no?"

Esto lo he oído muchas veces. Hablan cada 15 vez más fuerte, parece que va a pasar algo importante. Luego no ocurre nada y se olvidan.

Van a casa y comen. Hoy han llegado más tarde porque ha sido el primer día de clase. Tenían que contarse muchas cosas y se han entretenido. 20

Durante el verano, después de comer, todos se echan la siesta. Yo también. A las seis me despierto, miro al cielo y pienso en el tiempo. Si empieza a nublarse y el viento viene del oeste, habrá tormenta. Eso he oído a los más viejos.

En el jardín, los pájaros saltan por las ramas más bajas. Se juntan y cantan poco, pero hacen
5 un ruido especial. Luego caen las primeras gotas, se oye algún trueno y la gente sale a recoger la ropa.

Moncho corre hacia la playa y yo voy detrás de él.

10 Generalmente no hay tormenta y, la gente, después de la siesta, vuelve a la playa. Pero no todos. Menos que por la mañana. Por la tarde van los que quieren *ir negros*[10] a la ciudad. Los que se ponen al sol hasta quemarse.

15 Yo no lo entiendo. Dicen que en la ciudad se les quita el color en pocos días. Para eso algunos son capaces de estar al sol horas y horas.

Hasta que termina septiembre, Moncho y sus amigos sólo van a la escuela por las mañanas.
20 Por las tardes hacen lo que quieren. Hoy, por ejemplo, ya te he dicho que han decidido venir a la playa y jugar al fútbol.

Todos corren detrás de un balón. Menos dos, que se ponen entre dos piedras, dos palos o dos
25 camisas y cogen el balón con la mano. Los demás no usan las manos, sólo los pies, intentan-

---

10   *Ir negros: volver de la playa muy bronceados.*

do meter la pelota entre las piedras, los palos o las camisas.

Si alguien lo consigue, sus amigos lo abrazan y gritan. Moncho es el que más grita. Cuando mete un gol, salta, corre y levanta las manos. Sus amigos corren detrás, lo cogen y todos se tiran al suelo. 5

Creo que pierden mucho tiempo haciendo esto, porque meten muchos goles y están siempre tirados por el suelo, cogiéndose y abrazándose. 10

Hay partidos que terminan empatados* a catorce o que gana un equipo por quince a diez. Alguna vez ponen el balón cerca del portero y uno de ellos, el más fuerte, da una patada al balón y mete gol. 15

Yo creo que no se puede dejar solo al portero, sin nadie que lo defienda, pero lo peor no es eso: Si el que da la patada no mete gol, los de su equipo lo amenazan, lo persiguen y le gritan. Son los momentos más peligrosos. 20

Los ruidos de la noche

El sol ha desaparecido y no se ve el balón, pero ellos siguen jugando hasta que lo pierden. Entonces me llaman.

"Chomín, busca el balón, tiene que estar por ahí." 5

No se ve nada; corro de un lado a otro y al final lo encuentro. Ellos quieren seguir jugando, porque han empatado. No terminan hasta que alguno mete el balón en su propia portería.

Antes de irse se tiran por la arena y se ríen. 10 Yo creo que son muy felices. No piensan en lo que harán mañana. Se divierten y yo me divierto con ellos.

Alguna vez *hacen apuestas*[11].

"A que no llegas a la barca antes que yo, 15 ¿cuánto te apuestas?"

Y se juegan cualquier cosa. O nada. Pero los demás se ponen a favor de uno o de otro.

Lo peor es cuando no está claro quién ha ganado. Los dos llegaron al mismo tiempo. Enton- 20

---

11   *Hacer apuestas: jugar algún objeto o dinero para ganar cuando se acierta o se tiene razón.*

ces discuten y se enfadan. En esos momentos puede ocurrir cualquier cosa. Eso me parece a mí, pero luego no pasa nada.

Otras veces hacen apuestas con los perros. Moncho dice que soy el mejor, me llama y me pone delante de todos.

"Miguel, esconde tu gorra, verás como Chomín la encuentra el primero."

Me tapa los ojos y luego me suelta.

"Chomín, busca la gorra de Miguel. ¡Deprisa!", dice Moncho.

Si tardo mucho tiempo, se enfada. Pero sé donde la esconden. La primera vez me costó un poco. Ahora conozco todos los sitios donde la pueden esconder y la encuentro fácilmente, aunque la tapen con la arena.

Así pasamos la tarde, jugando en la playa, pero algunos días dicen que tienen mucho trabajo. Escriben, estudian, multiplican, dividen y hacen muchos problemas. Aprenden de memoria nombres de ríos misteriosos, de montañas muy altas, que siempre tienen nieve.

Pintan de azul mares lejanos y dibujan animales muy raros, que no han visto nunca. Juntan fotografías de árboles muy grandes, de ciudades desconocidas, y dicen de memoria la vida de personas que vivieron hace muchísimos años.

Leen historias de guerras antiguas, de batallas decisivas y de generales* muy famosos.

Durante el verano, los niños que suspendieron en junio, también hacen estas cosas. Un señor muy serio les hace preguntas muy extrañas. 5 Luego comprendo que no son tan extrañas porque Moncho aprende a responderlas.

En agosto, al caer la tarde, los turistas salían a dar un paseo. Veían un lugar donde sentarse y corrían para no quedarse de pie. 10

Pero lo que más me llamaba la atención era ver lo que sucedía a la una de la noche, o más tarde. A esa hora entraban en unos sitios muy oscuros, con luces de colores que dan vueltas, moviéndose con el ruido que sale de unas cajas 15 negras.

Una vez llegué hasta la puerta, me asomé y ladré. No me oyó nadie. Algunos pasaban así toda la noche. Decían que bailaban y se divertían muchísimo. 20

Otros preferían dormir, pero siempre había alguien que no tenía sueño, alquilaba dos o tres películas en el videoclub y los vecinos se enteraban de todo lo que ocurría en la pantalla.

A las siete de la mañana salían de las discote- 25 cas. Ponían en marcha las motos y desaparecían como rayos. Antes de salir huyendo hacían un ruido que te dejaba sordo.

A esa hora el sol aparecía en el horizonte y algunos pescadores regresaban después de pasar la noche en el mar. Los demás dormían. Ahora se puede decir que había unos momentos de silencio, pero sólo hasta que se levantaban los más madrugadores.

Así pasaron todo el mes. El día treinta y uno cogieron sus cosas, las llevaron a los coches y salieron al amanecer. Encontraron un sitio en la carretera y se pusieron en fila. Ocho, nueve, diez o más horas y llegaron a la ciudad.

Al día siguiente se levantaron muy pronto y fueron a trabajar.

Ya no había ningún vigilante en la playa. Podía correr por la arena, saltar y tumbarme sin oír más ruido que el de las olas del mar.

Ejercicios

A) DE COMPRENSIÓN

1. ¿Dónde vive Chomín?
2. ¿Quién es Tacha?
3. ¿Qué lleva Moncho en su cartera?
4. ¿Por qué no quieren bajar a la playa los hijos mayores?
5. ¿Qué hacen los hijos de Alfredo después de comer?
6. ¿Quiénes van a la playa por la tarde?
7. ¿Qué hacen Moncho y sus amigos por la tarde?
8. ¿Son felices Moncho y sus amigos?
9. ¿Qué historias leen Moncho y sus amigos?
10. ¿Dónde van los veraneantes a la una de la noche?

B) DE GRAMÁTICA

1. Pon en presente de indicativo: «La playa estaba llena de gente».
2. Escribe en singular: «Las pinturas eran muy bonitas».
3. «Alfredo no ha comprado el periódico», está en pretérito perfecto de indicativo; escribe esta frase en pretérito imperfecto de indicativo.

37

4. Utiliza correctamente SER o ESTAR:

   a) La playa .... llena de gente.
   b) Madrid .... la capital de España.
   c) El dinero .... en el bolsillo de la camisa.
   d) Moncho dice que .... el mejor.

5. Pon el artículo:

   a) ..... niños están en ..... escuela.
   b) Fue ..... huracán que arrasó ..... costas del Caribe.
   c) Pilar está en ..... tienda y yo sigo con ..... seguros.

C) DE LÉXICO

Escribe lo contrario.

   1. Es un pueblo muy «bonito».
   2. Cuando se fue estaba muy «triste».
   3. Esta mañana me he levantado «tarde».
   4. He andado por la calle muy «despacio».
   5. Sus maridos están «cerca» el agua.

Utiliza algunos de estos verbos: aparcar, comprar, pasear, mirar, bailar.

   6. Los coches .... en la calle.
   7. Fueron al mercado y .... un kilo de carne.
   8. Estuvieron en la discoteca y .... hasta las cuatro.
   9. Todos los días .... por la playa.
   10.Siempre está en casa, en la terraza, ... lo que ocurre en la playa.

Clave de los Ejercicios

A) DE COMPRENSIÓN

1. En un pueblo muy bonito, al lado del mar.
2. La perra del vigilante.
3. Libros, pinturas y bolígrafos.
4. Porque se acostaron tarde.
5. Ven la televisión.
6. Los que quieren ir negros a la ciudad.
7. Jugar al fútbol.
8. Sí.
9. Historias de guerras, batallas y generales muy famosos.
10. A la discoteca.

B) DE GRAMÁTICA

1. La playa *está* llena de gente.
2. La pintura *era* muy bonita.
3. Alfredo no *compraba* el periódico.
4. La playa *está* llena de gente.
5. Madrid *es* la capital de España.
6. El dinero *está* en el bolsillo de la camisa.
7. Moncho dice que *soy* el mejor.
8. *Los* niños están en *la* escuela.
9. Fue *un* huracán que arrasó *las* costas del Caribe.
10. Pilar está en *la* tienda y yo sigo con *los* seguros.

C) DE LÉXICO

1. Es un pueblo muy *feo.*
2. Cuando se fue estaba muy *alegre.*
3. Esta mañana me he levantado *pronto.*
4. He andado por la calle muy *deprisa.*
5. Sus maridos están *lejos* del agua.
6. Los coches *aparcan* en la calle.
7. Fueron al mercado y *compraron* un kilo de carne.
8. Estuvieron en la discoteca y *bailaron* hasta las cuatro.
9. Todos los días *paseo* por la playa.
10. Siempre está en casa, en la terraza, *mirando* lo que ocurre en la playa.

VOCABULARIO MULTILINGÜE

LAS VACACIONES DE CHOMÍN

ESPAÑOL	INGLÉS
agotado/a	sold out
arrasado/a	*swept away*
ascensor, el	lift
aspecto, el	look(s)
5 atropellar	to run over
bronceador, el	suntan
cotilleo, el	gossip
discusión, la	argument
empatado/a	draw
10 estantería, la	shelf
fascinante	fascinating, marvellous
fastidiar	to spoil, to ruin
general, el	general
inundado/a	flooded
15 molde, el	mould
multitud, la	crowd
olvido, el	to forget

FRANCÉS	ALEMÁN	
épuisé	erschöpft/ hier: ausverkauft	
ravagé	hier: niedergewalzt	
ascenseur	r Aufzug	
mine	hier: s Aussehen	
renverser	überfahren	5
huile de bronzage	e Bräunungscreme	
commérage	s Klatschen/ s Gerede	
discussion	e Diskussion	
égalisé	unentschieden	
rayonnage	s Regal	10
fascinant	faszinierend	
gâcher	ärgern	
général	r General	
inondé	überschwemmt	
moule	e Förmchen	15
multitude	e Menge	
oubli	s Vergessen	

ESPAÑOL	INGLÉS
orientarse	to help find one's way
pegatina, la	sticker
20 preocuparse	to worry
presupuesto, el	budgets
puesto de socorro, el	first-aid station (post)
rastrillo, el	small rake
reparto, el	errands
25 sombrilla, la	sunshade, parasol
verja, la	railings
vigilante, el	lifeguard
(vino) tinto, el	red wine

FRANCÉS	ALEMÁN	
s'orienter	sich orientieren	
autocollant	r Aufkleber	
s'inquiéter	sich Sorgen machen	20
budget	r Haushalt (Geld)	
poste de secours	s Unfallstation	
râteau	e Harke	
répartition	s Verteilung/ e Zustellung (von Waren)	
ombrelle	r Sonnenschirm	25
grille	s Gitter	
surveillant	r Schutzmann	
(vin) rouge	r Rotwein	

NOTAS

NOTAS